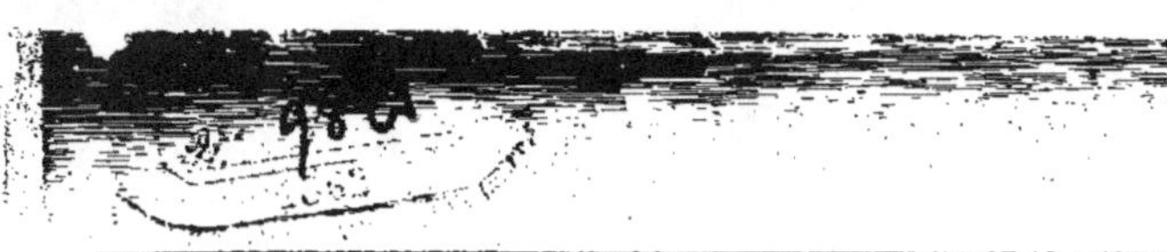

LES INTÉRÊTS POPULAIRES DANS L'ART

LA VÉRITÉ SUR LE LOUVRE

LE

MUSÉE NAPOLÉON III

ET LES

ARTISTES INDUSTRIELS

PAR

ERNEST CHESNEAU

PARIS

E. DENTU, LIBRAIRE-ÉDITEUR

PALAIS-ROYAL, 13 ET 17, GALERIE D'ORLÉANS

1862

LA VÉRITÉ SUR LE LOUVRE

LE

MUSÉE NAPOLÉON III

ET

LES ARTISTES INDUSTRIELS

PARIS

IMPRIMERIE DE L. TINTERLIN ET C°

rue Neuve-des-Bons-Enfants, 3.

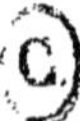

LES INTÉRÊTS POPULAIRES DANS L'ART

LA VÉRITÉ SUR LE LOUVRE

LE

MUSÉE NAPOLÉON III

ET LES

ARTISTES INDUSTRIELS

PAR

ERNEST CHESNEAU

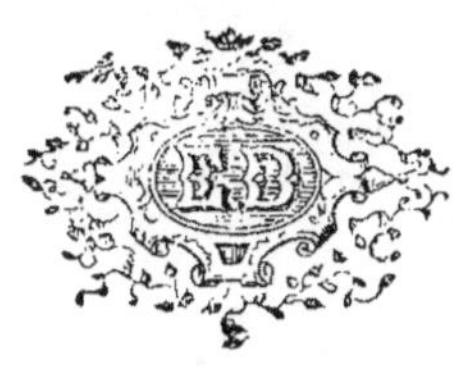

PARIS

E. DENTU, LIBRAIRE-ÉDITEUR

PALAIS-ROYAL, GALERIE D'ORLÉANS, 13 ET 17

1862

AVANT-PROPOS

Il n'y a peut-être pas de ville où les articles de foi, sur
tout, en tout et partout, prennent, plus promptement qu'à
Paris, possession des esprits. — La province, en cela,
nous est bien supérieure.

A Paris, sur chaque événement, sur chaque individu,
il nous faut, au mépris d'une idée réfléchie, une enseigne,
quelle qu'elle soit.

Un mot légèrement accepté, rarement contrôlé : voilà
qui suffit pour provoquer avec une prodigieuse rapidité le
phénomène de cristallisation décrit par Stendhal.

L'opinion publique, indifférente d'abord, habilement
circonvenue, dirigée, soutenue par les intéressés, entre-
tenue par les bavards, s'immobilise bientôt et se fige. Le
fait le plus mince s'étend, s'enfle et prend une importance imprévue. C'est une fausse tradition, une sorte de
fait *classique* nouveau, c'est-à-dire un embarras de plus et

une gêne qui s'imposent, une mauvaise herbe qu'on aura plus tard, si on l'a laissée prendre racine, toutes les peines du monde à arracher.

Nous avions jusqu'à ce moment bien des questions à l'ordre du jour, tant à l'extérieur qu'à l'intérieur :

La question romaine,

La question d'Orient,

La question polonaise,

La question américaine,

La question du libre-échange,

La question de la bifurcation ou de la non bifurcation des études, etc., etc.

Il faut y joindre, maintenant, la question Campana : la question Campana qui s'éternise, et dans un certain monde, malgré les efforts de quelques esprits lucides, tend à se fausser chaque jour davantage.

Nous essaierons de ramener cette question à sa vérité, à sa simplicité. — Nous avons longuement étudié le Musée Napoléon III (1) ; les destinées de l'art industriel mis en jeu à ce propos nous préoccupent vivement (2) ; nous avons examiné, à Londres, l'organisation du Musée anglais, que l'on compare si singulièrement aux collections Campana :

(1) Voir le *Journal Général de l'Instruction publique*, numéro du 17 mai et suivants.

(2) Voir dans *l'Opinion Nationale* du 8 septembre, l'article : *La petite École et les Artistes industriels.*

nous avons donc quelques droits à nous prononcer dans cette discussion.

Sans doute il est pénible de sortir du champ paisible des appréciations et des études purement esthétiques, pour se livrer à des argumentations d'un intérêt si peu général en apparence ; mais nous considérons que c'est un devoir pour la critique que de ne point rester immobile dans la région des idées abstraites et de se mêler aux choses de la vie immédiate. Il nous paraît qu'elle doit, sous peine de stérilité absolue, sous peine d'être abandonnée à elle-même, combattre les chimères partout où elle les rencontre, aussi bien dans l'application que dans les théories, — dans la direction morale et dans l'administration pratique des arts et des œuvres de l'art.

C'est pourquoi nous nous occuperons de la question Campana.

Et puis n'oublions pas que nous avons, en France, la malheureuse manie des *Credo* : *Credo* littéraires, *Credo* artistiques, *Credo* politiques ; il y en a de justes, il y en a de faux, il y en a de ridicules ; mais ils ont tous une marque commune, la banalité :

L'esprit de Voltaire,
La pureté de Racine,
Raphaël, le divin Raphaël,
Autant de *Credo*.

Ne laissons donc point, au sujet du Musée Napoléon III,

s'établir un *Credo* contraire au bon sens, aux réels intérêts de l'art pur et de l'art industriel, et en particulier contraire aux intérêts populaires.

Quelque douleur que nous ayons de voir cette propension soutenue par des hommes comme M. Eugène Delacroix, comme MM. Ingres et Léon Renier, résistons au fétichisme singulier qui voudrait nous imposer tous les objets jadis placés, même à titre de rebut, dans les cinq maisons du marquis Campana, comme des objets sacrés.

Ne laissons point s'affirmer davantage le *Credo-Campana.*

LE LOUVRE

LE MUSÉE NAPOLÉON III

ET

LES ARTISTES INDUSTRIELS

L'historique de l'acquisition du musée Campana à Rome est
en entier contenu dans les pièces que nous donnerons plus loin.
Mais pour mettre le lecteur tout à fait au courant de la question,
nous reproduisons ici, en lui donnant un caractère plus général,
un article que nous avons publié dans *l'Opinion nationale* à
l'heure même où les faits se développaient.

Voici ce que nous écrivions à la date du 19 juillet 1862, à
l'occasion de la fermeture du musée Napoléon III, alors annoncée pour le 1ᵉʳ août :

« Après une exposition qui a duré trois mois, les collections
Campana vont entrer au Louvre, leur véritable place, selon la
destination qui, dès le principe, leur avait été réservée. Cependant cette décision, que l'on devait prévoir, a été dans quelques
journaux l'objet d'un malentendu que, dans l'intérêt de l'art et
des artistes, nous devons essayer de détruire.

« D'abord, cette mesure n'a rien d'imprévu. Il suffit d'être
entré une seule fois au palais de l'Industrie pour s'être aperçu
qu'il n'était nullement aménagé contre les variations de la tem-

pérature, dont les œuvres d'art, plus que toute autre chose, auraient à souffrir pendant les six mois d'hiver. Les administrateurs provisoires du musée Napoléon III avaient très-intelligemment essayé de lutter contre les inconvénients de ce local, ouvert en été aux torrents d'une lumière aveuglante.

« Mais les légers voiles qu'ils avaient disposés en plafonds, s'ils étaient propres à garantir les tableaux de l'action trop immédiate du soleil de juin, n'étaient pas de nature à les préserver du froid et de l'humidité, contre lesquels on n'a rien préparé dans la construction de cet édifice destiné à des expositions qui n'ont lieu que pendant la belle saison. En outre, si les Champs-Élysées sont à cette époque de l'année un lieu de promenade où l'on se rend très-volontiers, on ne saurait nier qu'en hiver, par le froid, les neiges et la boue, ils sont d'un accès impraticable pour le piéton.

« Le musée Napoléon III ne pouvait donc rester au palais de l'Industrie.

« Le correspondant de *l'Indépendance belge,* le journal qui s'élève le plus vivement contre l'entrée au Louvre de la collection Campana, annonce que M. Sébastien Cornu (qui, avec M. Léon Renier, le savant épigraphiste, avait été chargé par l'Empereur de traiter à Rome l'achat de la collection) a donné tout à coup sa démission d'administrateur provisoire du musée Napoléon III, en apprenant que ce musée allait être placé dans les galeries du Louvre, et que les nombreux objets qui s'y trouvent en double seraient répartis dans les musées de province. MM. Léon Renier et Sébastien Cornu auraient même refusé de faire partie de la commission de répartition.

« J'ai peine à comprendre cette sorte de protestation, dont la soudaineté s'expliquerait difficilement si ce principe était un fait nouveau et dont il n'eût jamais été parlé. En relisant le rapport de la commission chargée par le Sénat d'examiner la loi portant ouverture au ministère d'État, sur l'exercice 1861, d'un crédit extraordinaire de 4,800,000 francs applicable à l'acquisition du musée Campana, je trouve cette phrase qui ne laisse aucun doute sur le but de cette acquisition. Voici les paroles mêmes du marquis d'Espeuilles, rapporteur :

« Nos musées possèdent déjà beaucoup d'œuvres précieuses
« de l'antiquité. Une savante direction, imprimée depuis long-
« temps, avait su rassembler au Louvre une quantité considé-
« rable de ces riches ouvrages qui marquent la succession et
« l'enchaînement des civilisations diverses à travers les siècles ;
« mais, tout riche qu'il était, *notre Musée comptait des lacunes*
« *regrettables ; l'acquisition Campana est destinée à en com-*
« *bler une partie. C'est donc principalement à ce point de vue*
« *qu'il faut envisager cette belle conquête*, qui donne à toutes
« nos richesses archéologiques un ensemble laissant désormais
« très-peu à désirer (1). »

« Il n'est ici parlé que du Louvre, il est vrai, et non des musées
de province ; mais les richesses du musée Campana appartiennent à la France ; il est donc de stricte justice que toute la
France en profite.

« Ah ! si cette collection n'était composée que de morceaux de
choix, uniques de leur espèce, il n'y aurait pas d'hésitation
possible. Tout, sans exception, devrait rester à Paris, c'est-à-
dire au centre de la France ; mais est-ce bien là en réalité le
mérite du musée Campana ?

« Les nombreux visiteurs, tous les artistes qui l'ont étudié,
savent le contraire. La collection est précieuse, moins par la
qualité des morceaux (sauf quelques exceptions), que par l'intérêt de série qu'ils présentent. Et dans cette innombrable succession d'objets d'art de tous les temps, les répliques, les doubles
se comptent par quantités indéfinies. Dans ce musée, il y a
largement de quoi choisir dix, vingt musées, offrant un semblable intérêt de série chronologique, et pouvant former, par
conséquent, autant de petits musées de même ordre.

« Il faut, bien entendu, excepter des collections à répartir,

(1) Ajoutons ce fait, peu important au fond, mais bien décisif sur le point
en discussion : Lorsque les premières caisses de la collection arrivèrent à
Paris, elles furent d'abord transportées au Louvre. On reconnut qu'il n'y
avait point de local disposé pour le déballage et l'exposition des objets atten-
dus ; c'est alors seulement que l'on résolut de faire cette exposition provisoire au palais de l'Industrie.

celle des bijoux, bronzes, terres cuites, peintures et verres antiques ; celle des majoliques, sauf, pour cette dernière, quelques spécimens à donner au musée céramique de Sèvres. Mais quels intérêts sérieux se trouveront lésés par une diminution aussi légitime dans le nombre des vases étrusques non peints, dont les formes se reproduisent par centaines, — dans le nombre des vases peints des diverses époques qui, pour chacune d'elles, offrent la même valeur esthétique, sans qu'il y ait une différence notable dans le choix des sujets représentés, — dans le nombre des tableaux de style byzantin ou de l'école giottesque, pour la plupart anonymes? — Nous ne pouvons le deviner.

« Il y aurait donc abus (et en ce temps-ci où l'on se plaint parfois d'une centralisation excessive, un tel abus serait l'objet d'un blâme évidemment fondé), il y aurait abus à détenir à Paris des richesses superflues, surabondantes, encombrantes, nécessitant une installation à part, une administration à part,— c'est-à-dire de nouvelles dépenses, et pour les artistes des allées et venues fatigantes, des démarches et des courses inutiles, — lorsque toute la France a contribué à payer le prix élevé d'une collection qui, répartie sagement entre les divers musées de province, composera dans les grands centres autant de musées où l'histoire de l'art se trouvera esquissée par des œuvres intéressantes, et non plus par des surmoulages, des copies plus ou moins parfaites ; en un mot, par des ouvrages de seconde ou troisième main (1).

« Le musée Napoléon III, installé au Louvre dans les salles de l'École française, parallèles à celles du musée Charles X, viendra compléter notre grande collection nationale, où il figurera pour une part importante. Par la réunion dans le même édifice des œuvres d'un même intérêt historique et artistique, l'observation, la comparaison deviendront possibles et se feront avec fruit.

(1) C'est là ce qu'on appelle démembrer, détruire ce musée. Augmenter la richesse d'une collection de toutes les richesses du Louvre, c'est, paraît-il, l'annihiler.

« Ceux qui possèdent ou qui ont vu le très-beau manuscrit des *Heures de la reine Anne de Bretagne*, reproduit en chromolithographie et publié par M. Curmer, feront justice des allégations du correspondant de *l'Indépendance* relativement à l'inhospitalité du Louvre. Ce correspondant n'ignore pourtant point que le manuscrit original appartient au musée des Souverains. Cette publication artistique n'aurait évidemment pu être exécutée, si les travailleurs ne trouvaient dans les galeries du Louvre les plus grandes facilités (1). Et cette publication n'est pas la seule d'un égal intérêt qui ait été achevée dans de semblables conditions.

« En résumé, M. Renier et M. Sébastien Cornu ont rempli avec un zèle et une habileté incontestables la tâche qu'ils avaient acceptée.

« Mais, leur mandat expiré, nous ne pouvons qu'applaudir, et sans réserve, à la suppression d'une installation éphémère, établie dans de mauvaises conditions de durée matérielle, source de complications de toute espèce, et qui ne tendait à devenir rien moins, en ce qui touche les intérêts artistiques, qu'un petit État dans l'État.

« Simplifier les rouages administratifs, contribuer à étendre, à augmenter les éléments d'étude sur tout le territoire, à Paris

---

(1) Il est question en ce moment de créer au Louvre une salle spéciale pour l'étude. On affecterait à cet objet les salles du musée Sauvageot, qui rentrerait dans l'ensemble des collections. Le nom du généreux amateur ne pourra que gagner à cette mesure ; il sera en effet placé sous les yeux du public, au-dessous de chaque objet provenant de sa galerie, auprès de laquelle bien des visiteurs passaient sans en soupçonner l'existence. — Malgré les réclames de dévoûment aux artistes et aux industriels faites en faveur de l'administration provisoire du musée Napoléon, en lui opposant la prétendue malveillance du Louvre, les hommes de science n'auraient point rencontré le même accueil s'il est avéré, comme on le dit, qu'un jeune savant étranger, résidant en France, ayant publié dans un journal allemand un commentaire sur l'une des inscriptions du musée Napoléon III et l'inscription elle-même, l'Académie des sciences ait été immédiatement informée de ce prétendu rapt, un rapport dressé et une plainte déposée au Ministère d'État. Il n'a pas été donné suite à cette plainte, loin de là ; mais c'est un fait qui paraît démontrer, chez ceux qui l'ont provoqué, en même temps qu'un soin trop jaloux de nos richesses, un amour plus platonique que réel pour la diffusion des lumières.

et en province, tels sont, en dernier résultat, les conséquences assurées de la mesure parfaitement prévue, très-logique et très-simple, en vertu de laquelle le musée Napoléon III sera transféré au Louvre. »

Quelques jours après, *le Moniteur* annonçait que le musée resterait ouvert jusqu'au 1er novembre. Les salles du Louvre n'étaient point encore préparées, en effet, et il était juste de laisser le public profiter le plus longtemps possible de ces collections.

Le 1er septembre, *la Revue des Deux-Mondes* publiait un important article de M. L. Vitet sur le musée Campana. Cet article provoquait une réponse de M. Ernest Desjardins, qui s'était cru attaqué dans ce travail. Quatre ou cinq jours plus tard, *la Correspondance littéraire*, commentant la brochure de M. Desjardins, combattant violemment l'article de M. L. Vitet, publiait une lettre de M. Ingres à l'Académie. Le ton en est tellement vif, l'honorable peintre y prend des attitudes si étonnantes, qu'il est impossible de la laisser passer sous silence, du moment où en la publiant son vénérable auteur fait appel à l'opinion publique.

Cette lettre est relative à la réunion des collections Campana au Louvre, et, disons-le tout de suite, elle trahit bien plutôt l'âpreté d'une idée personnelle que cette justice, cette extrême sévérité, seules garanties d'impartialité dans les discussions de goût. Elle est violente, pleine d'assertions tranchantes, d'imputations agressives, de personnalités blessantes, sans justification possible, et l'on n'y saurait trouver aucune raison sérieuse, aucun argument tiré de la question artistique ; il n'y a nul vestige d'intérêt pour le véritable propriétaire des collections, et ce propriétaire c'est la nation : on l'oublie trop aisément.

Il est regrettable que d'officieux amis aient si promptement répandu une lettre qui devait probablement rester dans l'intimité de l'Académie pour laquelle elle avait été rédigée ; car on ne peut croire que, malgré la verdeur croissante de sa vieillesse, M. Ingres ait aligné ces paragraphes en vue de la publicité.

S'il en était autrement, on serait vraiment fondé à s'étonner que l'auteur de *Francesca da Rimini* mette dans sa correspondance une chaleur, une passion, qui ne se retrouve malheureusement pas au même degré dans sa peinture; on souhaiterait qu'il donnât à ses travaux épistolaires le style calme, sage qui le distingue comme peintre.

Cependant, puisque cette épître a été rendue publique, il faut faire justice de ces difficultés que l'on a fait naître à plaisir, semble-t-il, pour retarder ou même empêcher l'installation du musée Napoléon III au Louvre.

Nous l'avons déjà dit, la véritable place des collections Campana est au Louvre et non ailleurs. C'eût été à tous les points de vue une mesure funeste, anti-populaire, que d'en faire un fief détaché, que de rétablir une sorte de féodalité administrative dans les arts, que de créer un nouveau musée nécessitant de nouvelles constructions (1) un personnel nouveau, une administration séparée.

Il ne serait guère sage d'entrer dans une voie de dépenses considérables au moment où l'on diminue certains budgets, entre autres celui du ministère de l'Instruction publique, si important, Ajoutons de plus que ces dépenses sont tout à fait inutiles, puisque le musée du Louvre possède déjà une administration, un personnel établi, et peut trouver, sans doute, dans les immenses constructions du nouveau Louvre, dix fois la place nécessaire pour classer le musée Napoléon III. — Que l'on consulte à ce sujet le ministre des finances, M. Fould : nous nous en rapportons à sa décision.

Maintenant, a-t-on voulu, comme l'assure M. Ingres, « *séparer, démembrer, détruire enfin ce musée,* » parce que la direction des musées impériaux, aidée des membres les plus compétents de l'Institut, a fait un choix parmi les objets secondaires, parmi les doubles, les répliques qui se trouvaient dans les collections Campana, afin d'en doter les musée de province? Ici la partialité des personnes qui avaient intérêt à conserver le

---

(1) On a parlé de consacrer à cet usage l'emplacement du *musée* **Dupuytren**; le local est évidemment trop petit pour ce qu'on se proposait d'y installe *rché de la Vallée,* dont il a été aussi question pu même objet, on n'en eût pas été quitte à moins de cinq ou six cent mille francs pour l'approprier convenablement au but projeté.

musée Napoléon III dans son intégrité a pris un caractère que je m'abstiens de qualifier.

M. Vitet, dans l'article publié par la *Revue des Deux-Mondes*, avait déclaré, avec sa haute intégrité de critique, que l'État venait de faire une excellente emplette pour compléter nos collections, et qu'après un triage préalable on trouverait au palais de l'Industrie de quoi garnir dans le nouveau Louvre quelques salles d'objets d'une exquise finesse, d'une évidente rareté et d'une valeur incontestable. Il n'est sorte de violences que cette déclaration n'ait values à l'illustre critique, de la part de ceux qui soutenaient les postulants à une nouvelle administration. Rien ne pouvait en effet leur être plus sensible que cette opinion, longuement motivée, d'un écrivain dont l'autorité est reconnue de toutes parts.

Aussi se sont-ils empressés de la contester. Et au nom de quels principes ? Quelles raisons d'art ont-ils fait valoir ? Je copie textuellement : Une des qualités essentielles que l'on doit réclamer d'un critique en matière d'art, c'est « qu'il n'ait jamais été homme politique. »

On voit, sans que nous les fassions ressortir, toutes les conséquences d'une pareille proposition : elles n'iraient à rien moins qu'à immobiliser les deux tiers des manifestations intellectuelles en France, et à demander à tout régime nouveau la suppression radicale du passé.

Jusqu'à nouvel ordre nous tiendrons donc sérieusement compte des avis de M. Vitet, et nous nous estimons heureux d'avoir vu notre opinion confirmée par la sienne.

Il est encore d'autre considérations qui plaidaient impérieusement en faveur de la réunion du musée Napoléon III au Louvre.

S'il est glorieux pour une nation de posséder de vastes collections artistiques, ce n'est point sans doute parce qu'elles répondent à un vain amour-propre national, mais bien parce qu'elles sont une source d'études et de satisfactions intelligentes, parce qu'elles sont pour toutes les classes, et en particulier pour le peuple, un moyen direct d'éducation et d'élévation.

Or, lorsque le musée Campana pouvait venir combler quelques-unes des lacunes du Louvre (il a été acheté dans ce but), orsqu'on en pouvait tirer des fractions intéressantes pour les musées de province, n'eût-il pas été profondément illibéral de détenir à Paris l'ensemble de la collection, d'une part, et, d'autre part, en admettant même qu'on la conservât intacte, de forcer les étrangers, les visiteurs de la semaine et surtout la nombreuse population parisienne qui se porte au Louvre le dimanche à se disperser à deux extrémités de la ville, lorsqu'il est nécessaire de voir et de pouvoir comparer les objets d'art, tant ceux de même nature, de même date, que ceux de nature et de dates différentes?

Depuis 1845 le nombre des visiteurs du dimanche au Louvre a doublé : il était à cette époque d'environ douze mille, il est de vingt à vingt-quatre mille aujourd'hui. C'est évidemment la partie de la population qui, forcée de travailler toute la semaine, n'a de loisir qu'un jour sur sept, c'est le petit commerce, ce sont les ouvriers de tous états, les nombreux employés des diverses administrations publiques et privées qui se portent au Louvre ce jour là, et ils ont besoin que leur curiosité soit satisfaite sur tous les points. Ils vont au Louvre, non seulement pour y voir des peintures, des statues, antiques ou modernes ; mais pour choisir et s'arrêter de préférence aux monuments de l'art qui répondent le mieux à l'étendue de leur activité intellectuelle.

Ils font le tour des galeries, montent à chaque étage et passent ainsi en revue toutes les manifestations du beau à toutes les époques, stationnant davantage les uns aux antiquités, les autres aux productions de la Renaissance, d'autres au musée des Souverains ; mais ayant tout vu et emportant plus de largeur dans l'esprit, un amour plus vif des choses de l'intelligence après cette visite à ce vieux musée du Louvre, centre de tant de richesses, et qui est le seul musée des réserves précieuses.

Combien en est-il parmi ceux là qui désiraient ce choix qu'on leur avait promis de faire dans le musée Campana, qui avaient besoin d'être éclairés, guidés sûrement, et attendaient l'installation de cette collection au Louvre pour l'étudier sans crainte de s'égarer. — Les laisserait-on éternellement dans l'attente?

Non ! Une nouvelle décision a été prise. L'Académie des Beaux-Arts et celle des Inscriptions furent chargées de réviser les choix antérieurement faits par une commission spéciale. Je ne cherche point à pénétrer l'intention qui a dicté cette mesure, elle peut être excellente ; cependant, à bien des points de vue, il y a lieu de s'étonner, quand on y réfléchit, que si le directeur général des musées n'était point membre de l'Institut, il n'eût pas fait partie d'une commission qui devait déterminer le nombre et la valeur des objets qu'il est chargé de classer, de faire valoir, de disposer en rapport avec les objets déjà placés sous sa direction, — qu'il n'aurait pas eu le droit de prendre part à une discussion sur les choses qui intéressent le plus son administration.

Mais c'est là, d'ailleurs, une question relativement secondaire : la question principale est celle de la réunion au Louvre ou de la formation d'un nouveau musée. Nos intérêts financiers, nos intérêts artistiques, l'intérêt de l'éducation populaire s'opposaient nettement à cette dernière solution.

C'est pourquoi on devait conclure et on a conclu avec **M.** Vitet disant :

« Dans l'intérêt de l'art, de la science, de notre gloire nationale, je me permets d'avoir à cœur qu'au lieu de doter Paris de deux musées incomplets qui se jalouseront sans se porter secours, on en fasse un de premier ordre ; qu'on transporte franchement au Louvre, où l'espace ne doit pas manquer, quoi qu'on dise, après tant de constructions nouvelles, tout ce que la collection Campana renferme de précieux et d'exquis, surtout dans ses séries antiques, afin de porter d'un seul coup notre musée français au plus haut degré de splendeur (1). »

D'ailleurs la lettre de **M.** Ingres motiva une réponse de **M.** le comte de Nieuwerkerke, suivie bientôt après d'une lettre des anciens administrateurs provisoires du musée Napoléon III aux journaux qui avaient inséré celle du directeur général des Musées. (On trouvera ces trois pièces importantes à l'Appendice.)

Sur ces entrefaites paraissait une brochure, où, au nom de principes erronés, on soutenait la cause de la séparation du Louvre et du musée Napoléon III, considérant celui-ci comme un musée d'art industriel, à l'imitation du musée *Kensington* à Londres.

(1) Voir la *Revue des Deux-Mondes*, livraisons du 1er septembre et du 1er octobre.

La question Campana ainsi présentée et posée d'ailleurs dans le même sens par les anciens administrateurs provisoires du musée Napoléon III est spécieuse. Cette solution, je veux le croire, fut dictée par un sincère attachement à la prospérité industrielle de la France; mais, en réalité, elle reposait sur une erreur de principe et dans ses résultats eût été absolument contraire, non seulement aux intérêts de l'industrie, aux intérêts de la collection, qui doivent nous inquiéter un peu en raison du prix qu'elle nous a coûté; mais contraire aussi aux intérêts plus importants encore de l'éducation populaire par le sentiment de l'art.

Ce sont ces divers points, sur lesquels je reviens volontiers avec insistance, que nous nous proposons de démontrer.

Mais auparavant nous devons parler d'un témoignage tout récent apporté en faveur des idées que nous combattons.

Ce témoignage est important, non par le fond des arguments qu'il expose et dont pas un seul ne se trouve nouveau; mais, à nos yeux, il est grave par le nom de celui qui le signe.

C'est avec un pénible étonnement que nous avons lu dans le *Journal des Débats* du 9 novembre, une lettre de M. Eugène Delacroix à l'honorable M. Beulé, secrétaire perpétuel de l'Académie des Beaux-Arts; car, dans cette lettre, le plus grand peintre de l'école française contemporaine appuie de son nom une mesure, selon nous, funeste à tous égards.

Notre admiration pour M. Eugène Delacroix s'est manifestée assez sincèrement, assez ouvertement (1); elle nous a même été assez reprochée pour que nous ne soyons pas suspect d'hostilité contre les personnes en disant, non moins sincèrement que sur son talent de peintre, notre avis sur la lettre qu'il vient de publier.

MM. les administrateurs provisoires du musée Napoléon III, en proposant de mettre sous la direction de l'Académie des Beaux-Arts le musée dont ils réclamaient la fondation, ont directement intéressé cette académie à leur projet. De là cette ardeur de l'illustre corps à les soutenir; ainsi, pour la première fois, nous avons pu voir une émanation intellectuelle de M. E. Delacroix en

(1) Voir *La Peinture française au dix-neuvième siècle : Les chefs d'École*, l'article sur M. Eugène Delacroix.

parfait accord, sauf la réserve, avec une production du même ordre signée par **M. Ingres**.

Mais quelles sont les raisons que fait valoir **M. E.** Delacroix pour demander la séparation des deux musées?

Nous donnons .tout de suite la lettre de l'émiment artiste.

On lit dans le *Journal des Débats* du 9 novembre :

La lettre suivante a été adressée par M. Delacroix à M. Beulé, et lue à l'Académie des Beaux-Arts, dans une de ses dernières séances, au musée Campana :

Monsieur le Secrétaire perpétuel et cher Confrère,

J'ai l'honneur de vous adresser quelques observations relatives au grave sujet sur lequel l'Académie des Beaux-Arts a mission de se prononcer dans ce moment, et auquel elle a déjà consacré plusieurs de ses séances ; je veux parler des questions relatives à la transformation projetée du musée Napoléon III. Éloigné de Paris, je prends la liberté de soumettre à l'Académie ce résumé imparfait des idées que j'eusse été heureux de développer devant elle à cette occasien, et pour lesquelles je sollicite toute son indulgence.

Je n'ai pas besoin de constater la peine qu'ont éprouvée tous les artistes à la nouvelle des remaniements qu'on s'est proposé de faire subir au musée Napoléon III. Cette collection, célèbre dans l'Europe entière, avait été pour nous tous, dès son apparition, une sujet d'admiration et en même temps de la plus respectueuse et de la plus sincère reconnaissance pour l'Empereur, lequel avait daigné la prendre sous sa protection spéciale, en lui donnant son nom,.après en avoir si libéralement doté la France.

Il m'avait semblé, en particulier, qu'une grande partie de l'intérêt que présentait cette réunion d'objets admirables résultait de cette réunion même, et que la pensée de la réduire, sous prétexte d'en éloigner les pièces secondaires, était tout à fait contraire à l'intention évidente de son fondateur et à la destination d'un véritable musée. Il n'en est pas d'une semblable collection comme de celle d'un amateur passionné et exclusif, qui se plaît à n'admettre que des morceaux de choix, dont la rareté souvent constitue l'unique mérite. Une collection offerte à l'étude doit se composer, non-seulement de beaux objets, mais encore de tous ceux qui, dans un ordre de mérite moins élevé, permettent toutefois de suivre et de juger les tâtonnements à travers lesquels l'art est arrivé à sa perfection.

Rien ne saurait être plus instructif. La curieuse collection de tableaux italiens du musée Campana, que je citerai à ce sujet, a été, à mon gré, jugée superficiellement, et, pour la plus grande partie, condamnée par des personnes qui ne se sont pas suffisamment rendu compte de son importance relative et des lumières qu'elle donne sur les origines et les progrès des Écoles italiennes. Cette instruction, qui ne pouvait jusqu'à ce jour se trouver nulle part à Paris, résulte de la juxtaposition des tableaux et des comparaisons qui en ressortent naturellement. En brisant leur ensemble et en les adressant à des collections diverses, on aura détruit une réunion précieuse à ce point de vue, sans enrichir notablement les collections dans lesquelles ils auront été se perdre.

J'ose en dire autant de la magnifique galerie des terres cuites, dans laquelle on ne peut se lasser d'admirer la grâce et la variété du génie antique. Cette variété ressort, à mon sens, d'une manière admirable, de la fréquence des mêmes motifs, répétés avec des nuances presque insensibles, mais dont l'étude donne l'idée la plus intéressante de la prédilection des anciens pour certains sujets, et en même temps de leur éloignement pour des reproductions machinales de types dans lesquels l'artiste n'eût pas introduit des différences caractéristiques, bien que légères en apparence.

Je sais bien qu'on a fait valoir cette incroyable objection, que tant de morceaux accumulés allaient exiger pour leur exposition un espace trop considérable. Étrange objection, en effet, qui consiste à faire regretter en quelque sorte que la collection soit trop riche. Il est plus facile de trouver de la place pour un classement de peintures et de statues que d'en découvrir et d'en acquérir un si grand nombre et de si intéressantes. C'est ce qu'avait su faire avec beaucoup de soin et de goût le marquis Campana dans ce vaste musée qui portait son nom, et auquel d'imprudentes mutilations vont enlever, en le disséminant, le nom de son récent et auguste protecteur.

Les vases peints, les majoliques et les faïences en relief me paraissent donner lieu aux mêmes observations, et, s'il m'était permis d'ajouter un vœu à ceux que je forme pour la conservation et l'harmonie d'un ensemble si rare, ce serait d'y voir figurer les plâtres admirables que le zèle intelligent de M. Ravaisson avait réunis dans la même exposition. Je ne doute pas que, dans le cas où le musée serait maintenu, il ne s'enrichît prochainement des dons d'un grand nombre d'amateurs, jaloux d'ajouter à sa richesse et de combler ses lacunes. Il est à ma connaissance que des intentions de ce genre ont été réprimées et tenues en suspens depuis les craintes inspirées au public sur la possibilité d'un démembrement prochain.

Je n'abuserai pas plus longtemps de l'attention de l'Académie en la retenant sur le développement d'idées que je me permets seulement d'indiquer et qui se sont sans doute présentées à elle dans ses visites au musée Napoléon III. La haute intelligence, le goût, l'expérience de tant d'hommes distingués dans toutes les branches des arts, m'assurent de l'impression qu'ils en auront rapportée et du désir qu'ils auront de conserver à la France un dépôt si original. Déjà un précieux tribut d'admiration avait été payé à cette belle collection, et l'illustre M. Ingres avait regardé presque comme un devoir de là recommander aux lumières et à la protection de l'Académie; et je viens à sa suite, et en termes affaiblis, témoigner au moins de ma vive sympathie et de mes vœux pour la conservation du musée Napoléon III.

Veuillez agréer, Monsieur le Secrétaire perpétuel et cher Confrère, l'expression de ma haute considération.

Eug. Delacroix,
Membre de l'Institut.

M. Eugène Delacroix tombe dans la singulière erreur que nous avons déjà signalée lorsqu'il considère comme devant réduire la collection Campana le fait de l'adjoindre aux richesses de même nature déjà placées au Louvre.

Et puis, en regrettant la distribution aux musées de province des objets qui ne sont point du mérite le plus élevé et celle des doubles et répliques, en si grand nombre à l'exposition des Champs-Élysées, je crains qu'il ne se soit mépris sur les intentions de ceux qui demandent pour les départements une part de ces trésors.

Je ne pense pas que jamais il ait été question d'éloigner de la collection, même dans leur infériorité absolue, des œuvres qui portaient avec elles un enseignement, une date, qui représentaient une supériorité relative, qui exprimaient l'état des arts à une époque donnée; mais, au contraire, les objets de la même époque dénaturée par eux, trahie par la médiocrité attachée à certains d'entre eux, et non à tous. Quant aux répliques, on n'a pas parlé davantage, si je ne me trompe, d'écarter tout objet seulement double, mais ceux qui se répètent par vingtaines, et, pour quelques-uns, par centaines.

La collection des terres cuites, celle des majoliques, n'ont pas, que je sache, été menacées « d'imprudentes mutilations, » et surtout j'ai peine à croire qu'on ait sérieusement « fait valoir cette incroyable objection, que tant de morceaux accumulés allaient exiger, pour leur exposition, un espace trop considérable. » Ce n'est pas au moins dans la lettre du directeur général des musées que cette objection a été relevée, car j'y trouve précisément l'assertion contraire ; sur ce point il y avait donc lieu d'être rassuré.

Que **M.** Eugène Delacroix ne se blesse pas du sentiment que nous inspirent les amateurs dont il parle. Mais, franchement, elles provoquent le sourire, ces velléités d'amateurs généreux qui ne savent s'ils doivent ou non faire don de leurs collections à la France, sous prétexte que celles-ci n'iront peut-être pas dans un musée spécial. Comment eussent-ils fait si l'on n'avait pas acheté le musée Napaléon III? Et quelle imprudence n'a-t-il pas commis, cet archéologue éminent, ce passionné collectionneur, **M.** Sauvageot, qui s'est avisé de donner son cabinet au Louvre, et de mourir avant cette acquisition ! — Il y a là bien de l'enfantillage.

En outre, il nous paraît que **M.** Delacroix s'est créé une fausse idée de l'ordre qui régnait dans l'entassement d'objets d'art qu'avait réunis le marquis Campana à Rome. Interrompu dans son œuvre par la catastrophe que chacun connaît, il n'avait rien classé définitivement, et très-probablement il n'avait pas encore en lui-même attribué une destination définitive à cette accumulation considérable, où se trouvaient des lacunes si importantes, qu'on y voyait des Lorrain non loin de Filippino-Lippi.

Il est regrettable, d'ailleurs, que **M.** Delacroix ait écrit cette lettre loin de Paris. Il s'est ainsi placé dans des conditions désavantageuses pour juger des choses qu'il faut voir et revoir par ses yeux. Il est également regrettable qu'il n'ait pas trouvé bon de venir prendre part aux travaux de ses confrères, à qui, sans le vouloir, il inflige ainsi un blâme immérité à propos de tout ce qu'ils ont approuvé dans les opérations de la commission ministérielle.

Si **M.** Delacroix était venu à Paris aider ses collègues, il n'aurait pas ainsi lancé sa condamnation à deux classes de l'Institut, à l'Académie des Inscriptions, qui a ratifié le travail antérieur en ce qui touche les antiques, et à l'Académie des Beaux-Arts, qui rejette encore trois cent cinquante tableaux.

Enfin, je ne puis assez m'étonner (et ici je ne n'adresse plus à **M.** Delacroix) qu'on ait éprouvé une surprise plus ou moins réelle en apprenant l'entrée des collections Campana au Louvre, lorsque, dès leur arrivée à Paris, leur destinée était parfaitement réglée et d'avance annoncée.

Si la mission des personnes qui avaient été primitivement chargées de leur seule acquisition, s'est prolongée ensuite jusqu'à l'arrivée des collections en France : ce n'était pas un prétexte suffisant pour se croire autorisé à fonder un nouveau musée.

Et pourquoi, en somme, même dans cette pensée, ne veut-on rien donner à la province? Evidemment parce que l'on craint de diminuer encore un groupe, un effectif déjà trop restreint pour réaliser, dans l'état où il est, un véritable musée.

Il ne faudrait pourtant pas se laisser gagner de bonne foi aux petites colères de ceux qui voient leur échapper une administration qu'on ne leur avait pas promise en les chargeant d'aller acheter et emballer des caisses de tableaux et de statues.

Ce démembrement dont on gémit tant, mais en réalité, il existe déjà au musée Napoléon III ; on ne peut pas le refaire, ou du moins on ne peut le refaire, ce musée (rêvé si complet comme histoire de l'art), qu'en le plaçant au Louvre. Il n'y a rien à y changer, et l'on n'y changera rien, en effet. Chaque œuvre prendra sa place dans les œuvres de même race, et les familles se trouveront ainsi complétées tout naturellement, alors qu'elles ne figuraient au musée Napoléon que par quelqu'un de leurs membres, isolé là et tout à fait égaré. Ce que nous disions tout à l'heure des Lorrain rapprochés des Filippino-Lippi prouve, ce me semble, qu'il y avait quelque interruption dans les séries.

Le Louvre n'est pas encore arrivé aujourd'hui à souder tous les anneaux de cette chaîne du passé, et c'est à cela qu'il doit tendre précisément. Toute précieuse qu'elle soit, la collection Campana, et malgré sa haute valeur, on ne peut cependant prétendre qu'elle rivalise, comme série, avec le Louvre. — Là, elle contribuera à nous compléter, sur certains points ; mais seule, elle ne peut prendre d'autre titre que celui de *collection*, nullement celui de *musée*.

Étudions maintenant ce projet d'un musée d'art industriel.

Remarquons-le, tout d'abord : tant qu'il n'y eut point de question de personnes mise en jeu, tant que la cessation d'un état de choses provisoire n'eut pas été définitivement prononcée, nulle part on n'avait songé à la fondation d'un musée nouveau, dans aucun journal on n'avait tenté de montrer les collections Campana comme réunissant les éléments « ou formant le *noyau* » d'un musée d'art industriel.

Nous ne nous arrêtons à cette pensée que pour faire voir à quel motif, souvent inférieur, comme nous le disions dans notre *Avant-Propos*, se rattachent les idées fixes.

Mais quel que soit le point de départ de ce projet mis en circulation, étudions-le en lui-même, dégageons-le des circonstances particulières et voyons ce qu'il vaut. Car il ne suffit pas de lancer une idée : avant de s'extasier et d'admirer, il faut s'assurer si elle n'est point de la nature des ballons qui se dégonflent aussitôt qu'on y porte l'épingle.

La fondation d'un musée est une affaire sérieuse, et ce serait une date capitale dans les annales de l'administration des arts en France ; il est donc nécessaire d'y penser et de ne rien établir à la légère. Or, nous voudrions faire comprendre à ceux qui montrent tant de hâte que la hâte dans la circonstance présente, si elle les sert bien, sert fort mal les intérêts généraux. Je veux demander aux esprits impartiaux si avant de s'engager dans cette voie il n'est pas utile d'en appeler au bon sens, et de faire justice des attributions qu'on prête aux collections Campana, à ce *noyau* qui est aussi gros qu'un fruit.

C'est peut-être une bonne chose, cependant, que cette idée d'un musée d'art industriel ; mais l'erreur, le mauvais côté attaché à cette idée, c'est que l'on prétend que ce musée existe en germe au palais des Champs-Élysées. Il est vrai que cette assertion à valu à un tel projet quelques chauds adhérents qui, n'ayant donné, jusqu'à ce moment, aucune preuve de sérieuses études dans le sens artistique, fussent restés, sans cela, parfaitement indifférents à la question.

Que l'on ait eu ou non un certain intérêt à fausser le caractère du musée Napoléon III, il n'en· est pas moins évident que les collections qui le composent sont purement artistiques au triple point de vue de l'archéologie, de l'histoire et de l'esthétique.

Quelle est la véritable place des œuvres de l'art ? sinon au Louvre, où elles sont déjà toutes réunies, où la population pari-

sienne, toujours croissante en son intelligent pèlerinage, est habituée à les chercher ! Le Louvre n'est-il donc plus le centre et la
destination toute naturelle, vraiment populaire des créations de
l'art considéré dans l'ensemble et la suite de ses manifestations ?

Voyez : — le musée d'Artillerie, le musée de Cluny, luimême, sont moins populaires. Et pourquoi ? Parce qu'ils ne présentent au visiteur que les divers modes d'une application toute
spéciale de l'intelligence, parce qu'ils ne lui offrent point cet
imposant aspect, ce même ensemble, cette réunion presque
complète d'objets de tout âge, de toute forme ; magnifique spectacle de ce que l'esprit humain a enfanté de plus parfait comme
art.

Et c'est à cette source merveilleuse d'inspirations, toujours
ouverte à tous, que l'on ne craint point d'opposer les musées
anglais, le musée d'encouragement de *Kensington*. A-t-on déjà
oublié le profond abîme qui sépare le génie des deux nations ?
Si nous en croyons les badauds, ils nous proposeront bientôt
aussi de fonder chez nous une École de courage militaire !

Est-ce au nom de la liberté, du patriotisme dans les arts que
l'on demande (timidement, il est vrai) de grossir le budget en
faisant payer l'entrée dans les musées spéciaux, comme à Londres,
en faisant payer l'enseignement du dessin dans les écoles du
gouvernement, comme en Angleterre ?

Eh, pour Dieu, laissez toutes choses dans l'état où elles sont,
si ce sont là les améliorations libérales que vous rapportez de
l'autre côté du détroit. Ne créez rien, ne fondez rien, si vous
devez copier purement et simplement ce que vous avez vu à
Londres, si vous confondez si facilement le tempérament de l'un
et de l'autre peuple.

Car en observant la disposition elle-même de ce nouveau
musée de *Kensington*, qui vous effraie si volontiers, on est, une
fois de plus, forcé de reconnaître les différences essentielles de
chaque pays dans la manière d'appliquer ou d'exploiter une
idée.

C'est de la solidité de ses fondations que dépend la durée de
toute grande œuvre projetée, et que dépend aussi le profit plus
ou moins réel que l'on doit en attendre. Contribuez donc impartialement de vos lumières à amener, à préparer, à entourer de

garanties cette œuvre elle-même dont vous rêvez si vite la réalisation. Plutôt que de vous lamenter sur la réunion au Louvre du
musée Napoléon III, plutôt que de regretter ce musée dans sa
forme première, félicitez-vous au contraire d'une décision sou-
veraine qui vous a préservé de la précipitation, qui vous a em-
pêché de prendre pour élément d'un nouveau centre de progrès industriel une collection d'antiquités si peu propre à l'usage
que vous lui destiniez.

Ce n'est point un musée d'émulation qu'il nous faut, mais un
musée de récompense : et la seule qui soit digne des artistes industriels, c'est de leur montrer qu'on estime leurs travaux
comme une branche de l'art, et non comme une branche égarée
de l'industrie ; c'est de leur prouver qu'ils pourront par leurs
œuvres, eux aussi, habiter les Louvres de l'avenir.

Est-ce vraiment encourager les arts industriels que de les
parquer, de les reléguer dans des centres bâtards, que de les
rapprocher ainsi des machines, des inventions mécaniques, qui
ont leur grandeur incontestable, assurément, mais toute différente ? Est-ce relever l'art ornemental (car c'est là le vrai nom
de ce que l'on appelle l'art industriel) que de confondre son
but, qui est une des formes du *Beau*, avec le but de l'Industrie
qui est une des formes de l'*Utile* !

C'est par suite de cette malheureuse confusion qu'on en est
venu à demander pour l'art industriel un enseignement distinct
de l'enseignement de l'art pur ; on sépare maladroitement les
origines de chacun d'eux alors que leur principe essentiel est le
même et doit leur rester commun.

Que ceux qui s'inquiètent des progrès de l'industrie anglaise
(et cette terreur me paraît dénuée de fondement), que ceux qui
craignent une rivalité s'unissent avec nous pour obtenir des fabricants le droit à la signature individuelle des artistes spéciaux : il n'en faudra pas davantage pour donner un nouvel élan
à l'art ornemental et pour rendre à la France cette suprématie
du goût qui n'est point sérieusement menacée, je le répète, au
moins par l'Angleterre.

Et vous, saintes et précieuses reliques du passé, vous qui ap-
partenez à l'histoire, qui ne comptez qu'à titre de monuments
historiques, qui êtes l'histoire elle-même : vous êtes des origines,

des enseignements comme vie, mœurs, coutumes, mais non des modèles à imiter ; vous nous faites voir des chemins qu'on ne doit pas plus traverser de nouveau qu'on ne peut recommencer la vie des peuples que vous représentez.

Dans l'art, dans l'art pur, comme dans l'art industriel, il faut brûler les ponts derrière soi.

La première condition du progrès, c'est de marcher en avant et non de revenir sur les traces antérieurement foulées. Je le disais dernièrement ailleurs : « Il faut juger le passé et l'oublier. »

Et c'est la fatalité des doctrines courantes que de nous tenir agenouillés, immobilisés devant le passé.

Dans toutes mes études sur l'art, j'ai toujours plaidé la cause du présent, demandé l'affranchissement des jougs, l'affranchissement d'une tradition mal comprise, faussée, dénaturée, lorsque dans son essence elle est si belle et pleine d'enseignements si purs. Je n'y faillirai point aujourd'hui. Les Étrusques, les Grecs, le Moyen Age ont fait de grandes et admirables choses. Refaire du moyen âge, du grec ou de l'étrusque, c'est nous renier nous-mêmes, c'est abdiquer toute force, toute vertu, reconnaître le siècle où nous vivons indigne d'une formule personnelle, c'est une injure à notre temps.

Ne souffrons pas que de telles idées s'éternisent : et l'occasion n'a jamais été plus belle pour protester.

A l'époque où l'industrie française est, quoiqu'on en dise, des plus florissantes, où elle peut s'affirmer elle-même encore davantage, ne la laissons pas reculer, ne la diminuons pas à ses propres yeux, donnons-lui confiance en elle-même et en son siècle.

En ce sens, nous nous estimons heureux que les collections Campana retournent au Louvre.

Mais demandons à ceux à qui est confiée cette arche de Noë des anciens de vouloir bien compléter en partie, avec les objets qui se trouvent répétés tant de fois dans le musée Napoléon III, les musées de la province où tant d'hommes distingués sont privés de notre Louvre ; demandons pour eux la part large qui leur est nécessaire.

Et lorsque cette répartition aura été faite, lorsque le choix des collections sera installé en sa place légitime, définitive, nous

irons, philosophes, artistes, écrivains, étudier, jouir tranquille-
ment, et puiser à cette mine féconde propre à faire **travailler et**
réfléchir l'esprit.

Nous aurons de plus en plus la comparaison facile dans ce
vaste centre. Si on veut le doter de nouvelles richesses, on
trouvera de même où les placer, et, dans notre avidité d'études
saines, nous n'en gémirons pas ; car si nous sommes riches, les
plus riches de l'Europe en trésors d'art, nous ne le serons jamais
trop. C'est dans cette pensée qu'il faut réserver pour quelque
nouvelle et glorieuse emplette les fonds qui eussent été indis-
pensables à un nouveau musée, lequel, en aucun cas d'ailleurs,
ne pouvait prendre raisonnablement sa base dans les collections
Campana.

Nous applaudissons donc à cet acte réfléchi de haute sagesse
en vertu duquel le musée Napoléon III a été réuni au Louvre.
Par cette décision nous avons, d'une part, été préservés d'une
erreur résultant de trop de précipitation ; d'autre part, on a
laissé aux penseurs et aux travailleurs sérieux le temps de chercher, de mûrir les moyens de réaliser une idée qui, venant d'un
autre pays, exige d'être fondue, remaniée, adoptée à nos usages
et à nos besoins artistiques.

En ce temps-ci, où il faut résister au penchant vers l'*à peu
près* en toutes choses, la conversion du musée Campana en
musée d'art industriel n'eût été qu'un holocauste inutile à une
manie d'imitation en tout cas prématurée.

C'est aux savants et aux hommes de goût d'apprécier la mesure qui a été prise.

Toute peinture, tout souvenir historique, tout débris de la
Renaissance, tout œuvre antique, si modeste ou si éclatante
qu'elle soit, tout œuvre d'art, en un mot, est à sa véritable
place au Louvre, parce qu'elle est au Louvre pour elle-même et
seulement pour elle, pour sa valeur propre, indépendamment
des conditions de rapport, d'époque ou de mœurs.

Chaque objet y est un souvenir précieux, qui intéresse et
parle à l'esprit, sans le secours de l'objet voisin. On y cherche
bien moins le progrès — que le fait en soi, présentât-il d'ailleurs
un intérêt de nature différente (comme les objets du musée des

Souverains, par exemple). Voilà pourquoi, à contempler cet ensemble, on est saisi de respect, on éprouve une profonde admiration.

Depuis le plus minime vase étrusque jusqu'aux tableaux de Raphaël, chaque œuvre s'adresse à l'esprit de l'homme et lui dit : « Je suis un résultat de l'intelligence humaine; regarde moi pour moi. »

Veut-on invoquer une date, une époque, où va-t-on? Au Louvre.

Catholique, spiritualiste, panthéiste, chacun y trouve matière à réflexions.

Et, nous le répétons, si le musée Napoléon III est d'un si grand prix pour nous au Louvre, c'est qu'il apporte de nouveaux feuillets à ce grand livre du passé.

Distribuez-le dans un musée industriel, groupez les Arts-et-Métiers, Cluny, les collections Campana, et vous verrez, après peu d'années, celles-ci enfouies, perdues et comme oubliées. Ces trésors que nous revendiquons ne seront plus consultés ; car l'homme intelligent, studieux, ira toujours au progrès, nullement à ce qui l'a précédé. Ce sera un musée d'émulation peut-être, non un musée fait pour la pensée et le recueillement.

Au Louvre, là est le sanctuaire, et là bien d'autres places encore sont réservées aux beautés et aux curiosités du passé.

Là nous sommes touchés malgré nous. Nous ne pouvons songer à ce que contient ce vaste palais, sans nous sentir profondément émus, je dirai même religieusement impressionnés dans le sens artistique.

Le Louvre est pour nous, artistes français, le temple des temples.

Comment ne dédaignerait-on pas de répondre à ceux qui demandent la fondation d'un second musée qui serait, disent-ils, un musée vraiment national, parce qu'on le mettrait dans les attributions de l'État, alors que le Louvre fait partie de la liste civile?

Ah ! qu'ils réfléchissent donc que, tous, nous sommes les gardiens de ces trésors, et que ceux qui en sont les détenteurs usufruitiers (puisqu'il faut prononcer des mots empruntés à la chicane), que les souverains en font leur gloire, pensent à les grossir tous les jours, et tiennent assurément plus que ces petits politiques à l'intégrité de nos richesses d'art devant l'Europe. Là est notre garantie, bien plus que dans toutes les combinaisons administratives que l'on pourrait imaginer.

Mais, non-seulement le Louvre : le jardin des Tuileries, la cour du Carrousel, le parc de Saint-Cloud, celui de Versailles, appartiennent aussi à la liste civile ; ne craignez-vous pas que le prince ne les emporte en ses voyages, ou qu'il en prive la population ! On n'a jamais eu au Louvre un plus facile accès. Depuis douze ans, il est ouvert tous les jours au public qui s'y porte de plus en plus. Le motif que vous faites valoir est donc nul.

Il faut posséder une terrible envie de se créer des alliés partout et de faire des mécontents, pour employer de tels arguments. Que dire à cela ? sinon ceci qui devrait vous rassurer : — *Le Louvre est gardé tous les dimanches par une armée de vingt-quatre mille visiteurs,* qui tous savent gré à qui de droit des facilités offertes à leur libre et sincère admiration. Voilà qui vaut tout autant, je pense, que de déposer aux Chambres, comme on le fait, l'inventaire de toutes les collections.

Puisque j'ai répondu ici à un point de certaine brochure, à celui qui empruntait une apparence libérale, je répondrai aussi sur un autre point, sur la question des budgets comparatifs des arts en Angleterre et en France.

L'auteur regrette que le budget des arts soit chez nous de beaucoup inférieur au budget anglais, nous le regrettons avec lui ; mais avant de s'ébahir devant les millions britanniques, il aurait dû songer que l'Angleterre a tous ses musées à former, que sa *National-Gallery* n'est, elle, réellement qu'un noyau, et que d'ici à ce que ce noyau ait l'importance du Louvre, il lui faudra dépenser beaucoup plus de millions encore que ceux dont le chiffre le fait tomber en extase.

C'est une manie, pour certains esprits, que de déprécier tout ce qui se fait en France, et de louer tous ce qui se fait en Angleterre. Lorsque cette manie s'exerce dans la vie privée, elle est désagréable, mais inoffensive ; mais lorsqu'elle s'exprime publiquement, elle est tout à fait agaçante. Nous avons montré à quelle erreur elle pouvait nous entraîner par ses comparaisons entre le musée Napoléon III et le musée de *Kensington* ; elle s'appuyait

en outre sur des intérêts individuels lésés dans des espérances
sans fondement légitime. Il ne faut donc pas trop nous étonner
de cette âpreté d'attaques contre le Louvre, ni des moyens employés contre son administration : quand la passion personnelle
est surexcitée elle ne choisit pas ses armes. Mais nous ne devions
pas nous laisser prendre au change et accepter, pour des raisons
valables et désintéressées, les grands mots mis en avant afin
d'amener la fondation d'un musée d'art industriel.

A les prendre au sérieux, ces raisons étaient mauvaises, parce
qu'elles reposaient toutes sur une pétition de principes, sur la
maladroite séparation établie entre l'art pur et l'art industriel,
qui ne sont que les expressions différentes d'un même besoin de
l'âme humaine.

S'il y a quelque chose à fonder, à réformer, c'est l'enseignement officiel de l'art lui-même. C'est l'École des Beaux-Arts qui
prétend gouverner l'enseignement et qui n'enseigne rien. Là est
la plaie à panser, là est le mal, et il a fait déjà de terribles ra-
vages. On accuse l'art français de stagnation, il traverse, répète-
t-on, une de ces crises qui arrivent d'ordinaire au moment des
grands enivrements. Personne n'est enivré en ce sens, c'est une
inquiétude générale au contraire, et l'École des Beaux-Arts s'est
si bien condamnée elle-même, que tout effort sérieux (excellent
ou détestable, je ne juge pas ici) est parti à côté d'elle, loin
d'elle, jamais d'elle-même.

C'est à l'Académie des Beaux-Arts qu'il faut en appeler, c'est
à cet illustre corps qu'il faut demander un sacrifice, cruel pour
le moment, profitable pour l'avenir. C'est à lui de s'amputer et
de ne plus détenir l'enseignement. Il est, il doit être un juge ;
il ne doit pas professer. Est-ce que l'Académie Française se con-
fond avec l'Université, l'Académie des Sciences avec l'École Poly-
technique, et même dans l'Académie des Beaux-Arts enseigne-t-
on la musique? Pourquoi ce funeste privilége établi contre la
liberté des arts du dessin ?

C'est sur cette réforme que doivent porter tous les efforts des
véritables amis de l'art (1) au lieu de s'épuiser à discuter des

____

(1) C'est ce qu'a fort bien senti M. E. Viollet-le-Duc, et ce qu'il a très-bien
fait sentir dans une série d'articles publiés dans la *Gazette des Beaux-Arts*,

questions secondaires et des intérêts individuels où l'art n'a rien à démêler.

Car enfin pourquoi ne dirions-nous pas tout haut ce que répète tout bas chacun de ceux qui sont entrés dans cette grosse discussion sur le musée Campana (grosse à la manière des ballons, je le disais bien)? Ce n'est pas le très-digne et très-savant M. Léon Renier, ce n'est point M. Ch. Clément, le jeune et sérieux écrivain, ce ne sont point ces messieurs qui ont mis le feu aux poudres et *lancé l'affaire*. Aucun deux, en cette circonstance, qui les touchait assez vivement cependant, n'aurait, j'en suis sûr, songé auprès du souverain à se séparer aussi ouvertement des intérêts populaires ; ils savent trop bien pour cela que le Dauphin de France aujourd'hui, c'est le peuple ; il savent trop bien pour ou contre qui c'est agir que d'agir pour ou contre celui-ci.

L'âme de tout ce mouvement n'est peut-être même pas M. Sébastien Cornu, cet estimable élève de M. Ingres, que son maître a vaillamment soutenu; — mais, auprès de lui, dit-on, une personne très-allante, très-remuante, très-répandue, entourée des anciennes sympathies d'amis qui ont çà et là quelques publicité, surtout à l'étranger. Cette personne, ajoute-t-on, porte la robe, non la robe cléricale, mais dans l'association, la robe virile. — Dans la campagne qu'elle a menée sans merci contre l'homme de goût qui assume la lourde responsabilité de la direction d'un musée comme le Louvre, elle a été merveilleusement servie par la mollesse et la complaisante indifférence de la plupart des grands journaux pour ce qui n'est pas purement la politique.

C'est ainsi que par faiblesse, par une gentilhommerie déplacée, nous avons été sur le point de voir une république de

sous ce titre : *Il y a quelque chose à faire.* Il m'a devancé dans un travai de même nature que je me proposais de publier; loin de m'en plaindre, je m'en estime fort heureux, car si je n'accepte pas tous ses aperçus, la quantité de vérités indiscutables qu'il établit l'emporte tellement, que c'est une bonne fortune pour tous les esprits sincères quand des études si saines et si justes sont enfin répandues et livrées au public. (Voir aussi les *Entretiens sur l'architecture* du même auteur.)

Saint-Marin s'établir au centre de la France artistique ; c'est ainsi que chez nous a failli se fonder le *Credo-Campana*.

Et maintenant résumons-nous.

Nous demandons la décentralisation dans la centralisation, c'est-à-dire la création de centres nombreux, la fondation progressive de musées complets aussi bien en province qu'à Paris ; nous voudrions que, sans toucher à notre Musée national, on arrivât peu à peu à donner à de grandes villes, comme Lyon, Rouen, Marseille, non pas un Louvre, mais un petit Louvre.

Chaque œuvre appelée à cette dernière consécration de l'avenir ne doit-elle pas avoir une valeur propre et réelle ? — Malgré tout mon regret, et il est profond, de me trouver en désaccord avec l'homme que je considère comme l'un des rares peintres qui aient compris leur art, je suis forcé d'affirmer à M. Delacroix que tout dernièrement encore, retournant au Palais de l'Industrie après les études particulières que j'en ai faites, je comptais des répétitions, de nombreuses répétitions inutiles et même dangereuses à conserver auprès l'une de l'autre. Je crois de plus que si ces objets ne sont pas habilement placés et disposés au Louvre, au lieu de rendre réellement service à l'étude comme cela pourrait être, ils fatigueront par leur monotonie l'attention des visiteurs les mieux portés à l'admiration.

Voir le musée des Champs-Élysées, cela donnait le goût de l'art antique ; voir le Louvre, cela donne le désir d'étudier l'art à toutes les époques, et de le suivre dans ses mouvements et ses évolutions successives.

Nous le répétons : le Louvre offrira un des plus grands spectacles dont l'esprit humain soit appelé à jouir le jour où il aura comblé toutes ses lacunes, où il montrera dans leur suite depuis les plus anciens monuments de l'Asie jusqu'aux monuments contemporains, les efforts de l'homme vers la réalisation du beau. Ce jour, nous ne sommes probablement pas appelés à le voir, tellement le but proposé est difficile à atteindre.

Les collections Campana apporteront, elles aussi, leur part glorieuse à ce grand œuvre moderne ; et c'est ainsi que doit comprendre la fusion des deux musées tout artiste généreux et jaloux de notre temps devant la postérité. Le Louvre est le vrai

Panthéon des artistes : il est ouvert aux grands souvenirs et aux talents dignes de mémoire.

Et en parlant ainsi nous croyons avoir en nous le sens vivant d'une grande institution vraiment libérale. Les deux artistes illustres qui sont contre nous aujourd'hui ont déjà au milieu de leurs pairs leur place marquée dans ce temple de mémoire. Que penseraient leurs admirateurs un jour, si on reléguait leurs œuvres dans quelque bazar industriel ! C'est contre leur gloire elle-même qu'ils s'élèvent en ce moment.

Réunissons donc au Louvre, centralisons à Paris le plus d'œuvres d'art possible pour arriver à réaliser une vaste idée : mais en même temps songeons à faire profiter la France entière de nos succès, de nos acquisitions sérieuses.

Et devrions-nous discuter davantage? alors que celui qui était le plus directement intéressé en un sens à la fondation de ce musée nouveau, celui qui lui avait donné son nom comme un gage, un témoignage de protection immédiate, a cru n'avoir rien de mieux à faire en cette circonstance que d'en doter bravement le pays et de la manière la plus intelligente.

Nous nous réjouissons de cette décision, qui devrait imposer silence aux malveillants ; car le libéralisme efficace, protecteur des arts, se trouve pleinement satisfait par la mesure que nous appelions de nos vœux et qu'a résolue une auguste volonté.

Tous les objets placés au Louvre ne portent-ils pas d'ailleurs l'indication de leur provenance, et ceux qui s'adressent au souverain, en regrettant qu'il ne donne pas son nom à leur musée, craignent-ils que ce nom n'ait point d'autre fondement plus durable dans l'histoire ! Si nous nous associons si franchement à cette décision, c'est, selon nous, et bien des personnes autorisées et compétentes pensent comme nous, c'est qu'elle est vraiment française.

Le sens français s'échappe trop vite de l'esprit de bien des gens. Il ne suffit pas d'être Parisien ; il serait bon aussi d'être de temps en temps un peu Français.

Une telle solution à la question Campana permet d'enrichir, au point de vue de l'art, de grandes et belles villes qui ont toutes nos satisfactions intellectuelles, excepté les satisfactions artistiques.

Et nous réclamerons pour ces villes avec le même zèle que nous avons mis et que nous mettrons encore à réclamer la signature de ses œuvres pour l'artiste industriel, parce que ce sont là deux causes justes, parce que leur succès est pour notre pays une garantie de grandeur dans l'art que nous aimons, qui est le but de nos études et dont nous avons fait notre vie.

Voilà pourquoi nous avons demandé, appuyé et approuvé avec une joie sans restriction la mesure qui réunissait le musée Napoléon III au Louvre, mesure partie de très-haut, en dehors et au-dessus de toute coterie.

Si nous avons perdu le respect et l'amour de la vérité sur tant de points : en dépit des personnes, revenons-y au moins dans les questions d'art.

APPENDICE

Nous mettons sous les yeux du lecteur la lettre du directeur général des Musées à M. Ingres; cette lettre contribuera à l'éclairer sur les intentions de ceux qui réclament une fondation particulière pour le musée Napoléon III. En la faisant d'ailleurs précéder de la lettre de l'honorable sénateur à l'Académie, nous devons nous garder de tout commentaire et laisser au public le soin de juger où se trouvent la mesure, la raison, et aussi le sens libéral qui nous a toujours préoccupé dans cette question.

LETTRE DE M. INGRES A L'ACADÉMIE DES BEAUX-ARTS.

Meung, 8 septembre 1862.

Monsieur le Président, messieurs et chers Collègues,

Quoique éloigné de vous en ce moment, je prends toujours un vif intérêt aux travaux de l'Institut, et l'objet important qui va l'occuper me presse d'accourir au secours de l'art que vous allez défendre, et de joindre ma voix aux vôtres pour soutenir l'honneur de l'Académie. Il s'agit du musée Campana... de cette collection déjà sanctionnée depuis bien des années par l'admiration des artistes et des archéologues les plus distingués de l'Italie, de l'Allemagne, de l'Angleterre et de la France...

Il me paraît impossible de diviser cette collection, et je crois, Messieurs, que cette pensée sera la vôtre et que votre autorité sera respectée, quoiqu'on ait qualifié notre Académie de coterie incapable de juger les arts et à laquelle on doive préférer des lumières individuelles.

... On assure que l'on veut séparer, démembrer, détruire enfin ce musée, et peut-on le croire? l'administration des musées impériaux elle-même méconnaît, conteste sa valeur...

Nous savons par expérience, Messieurs, comment les œuvres d'art sont traitées au Louvre, et malgré les lumières qui les entourent, les maladresses désastreuses dont elles sont victimes! Cela suffit pour apprécier les soins éclairés et l'amour de ceux auxquels elles sont confiées; et je ne veux pas rappeler ici nos regrets et notre étonnement.

Mais lorsqu'un jugement erroné ou des amours-propres mesquins veulent anéantir une œuvre de cette importance pour faire triompher des intérêts partiaux ou erronés, il est de notre devoir de dire notre pensée tout entière et de sauver, s'il se peut, un musée justement célèbre.

LETTRE ADRESSÉE A M. INGRES, SÉNATEUR, MEMBRE DE L'INSTITUT.

Palais du Louvre, le 11 octobre 1862.

Monsieur et cher Confrère,

J'ai lu, avec autant d'étonnement que de regrets, votre lettre adressée, pendant mon absence, au président de l'Académie des Beaux-Arts, et dont les passages les plus acerbes ont été insérés dans la *Correspondance littéraire* du 25 septembre dernier.

Vous témoignez une vive inquiétude de voir disperser la collection Campana; et, dans la crainte qu'il n'en soit distrait le moindre des objets dont elle se compose, fût-il maintes fois répété, fût-il d'un intérêt nul, fût-il même une imitation moderne, tous les moyens vous semblent bons pour conjurer ce que vous appelez un irréparable malheur, une atteinte aux plus chers intérêts de l'art, et vous en arrivez à traiter d'une façon inqualifiable l'administration que j'ai l'honneur de diriger depuis treize ans.

Votre âge, votre talent, tant de choses que je respecte en vous, et l'éducation que j'ai reçue, m'imposent de répondre avec réserve aux assertions non fondées que vous mettez en avant; mais je tiens à vous éclairer sur le véritable état de la question.

Vous semblez ignorer, Monsieur et cher Confrère, que j'ai été un des plus ardents promoteurs de l'acquisition des collections Campana, et que, du jour où j'ai su qu'elles étaient à vendre, autorisé par ma situation de directeur général des musées impériaux, j'ai supplié l'Empereur, jusqu'à le fatiguer de ma persévérance, de doter le Louvre des immenses trésors qu'elles contenaient.

Quand je fus envoyé à Rome par Sa Majesté pour prendre possession de ces collections, mon premier soin, après les avoir scrupuleusement examinées, fut d'écrire à l'Empereur qu'elles étaient admirables et qu'elles dépassaient toutes mes espérances. (*M. Desjardins, dans sa brochure, veut bien reconnaître que ce sont mes expressions.*)

La volonté de l'Empereur, alors exprimée de la manière la plus nette, et qui n'a jamais varié depuis, était que ces collections vinssent enrichir celles de notre Louvre, afin qu'elles se complétassent les unes par les autres, comme cela avait eu lieu déjà pour les nombreuses acquisitions, pour les legs ou les dons importants faits sous son règne.

Dans quel but aurais-je donc, ainsi qu'on m'en accuse, cherché à amoindrir l'importance du musée Campana ou à démembrer des collections dont je désirais l'acquisition si vivement et depuis si longtemps? Serait-ce parce que le Louvre manque de place pour les recevoir? Mais, Monsieur et cher Confrère, n'avez-vous donc pas compris que c'était un des prétextes spécieux auxquels avaient recours ceux qui voyaient avec tant de regrets leur échapper une administration lucrative, assurément, que de provisoire ils espéraient bien rendre définitive? Rassurez-vous : la place ne manque pas dans les nouvelles constructions du Louvre ; d'immenses galeries ont été ajoutées à celles déjà si nombreuses de notre magnifique Musée, et leur habile architecte, notre confrère M. Lefuel, pourra vous affirmer que ces galeries peuvent contenir, sans rien dissimuler au public, non-seulement la collection Campana tout entière, mais encore d'autres tout aussi importantes, s'il nous était donné de pouvoir les acquérir; car les éléments d'une histoire complète de l'art, que l'on prétend trouver dans le musée Campana, n'existent pas plus là qu'ailleurs, et la réunion de cette collection à celles du Louvre sera incontestablement un acheminement vers ce résultat désiré.

Il était donc inutile de faire tant d'efforts d'imagination pour trouver un local distinct et séparé que l'on pût affecter à la collection Campana. N'avait-on pas pensé à la reléguer près de l'École de Médecine, à la place du musée Dupuytren, ou au marché de la Vallée, en remplaçant cette halle par un palais? Enfin, on l'eût trouvée bien placée partout, excepté au Louvre.

On a été jusqu'à dire qu'on ne la verrait pas entrer sans danger dans cet établissement, où d'ailleurs elle serait enfouie et perdue pour l'étude. Mais depuis quand méconnaît-on l'hospitalité du Louvre, la plus large qui soit dans tous les musées du monde? En connaissez-vous où le public entre tous les jours avec plus de liberté, où des facilités plus grandes soient données aux savants, aux artistes et aux industriels?

Les produits français exposés à Londres cette année sont une preuve de ce que j'avance, car les fondeurs, les potiers et tant d'autres fabricants ont eu le bon goût de choisir leurs modèles dans nos galeries des Antiques ou dans celles contenant des objets de la Renaissance.

Revenons, Monsieur et cher Confrère, à ce que vous appelez le démembrement de la collection Campana. Vous avez donc oublié qu'en demandant au Corps législatif les 4,800,000 francs destinés à l'acquisition et au transport de cette collection, le gouvernement s'était préalablement engagé à ce que les différents musées des départements eussent part au trop plein du musée Campana? Il devenait donc nécessaire de faire des choix; aussi, sur l'ordre de l'Empereur, S. Exc. M. le ministre d'État nomma-t-il une commission composée de :

MM. le Directeur général des Musées, membre de l'Institut, président;
    Mérimée , sénateur, membre de l'Institut;
    De Saulcy, sénateur, membre de l'Institut;
    Ravaisson, membre de l'Institut;
    De Longpérier, membre de l'Institut, conservateur des Antiques au Louvre;
    Beulé, membre de l'Institut, secrétaire perpétuel de l'Académie des Beaux-Arts;
    De Witte, correspondant de l'Institut;
    Reiset, conservateur des peintures et des dessins au Louvre;
    Courmont, chef de la division des Beaux-Arts;
    De Viel-Castel (Horace), conservateur des objets du moyen âge et de la Renaissance au Louvre;
    Viollet-le-Duc, inspecteur général des édifices diocésains;
    Du Sommerard, conservateur du Musée de Cluny;
    Renier (Léon), membre de l'Institut;
    Cornu, ex-administrateur provisoire du Musée Napoléon III;
    Clément (Charles), attaché à cette administration.

(Ces trois derniers n'ont pas cru devoir accepter d'en faire partie.)

M. Darcel (Alfred), attaché à la conservation du Louvre, remplissait les fonctions de secrétaire.

Cette commission, composée d'hommes parfaitement compétents, fit pendant cinquante-trois jours un travail consciencieux, dont le résultat fut soumis à l'Empereur, qui, par un dernier scrupule, pensa qu'il serait utile, avant de donner sa sanction à cette répartition, de prendre l'avis de l'Académie des Beaux-Arts et de celle des Inscriptions et Belles-Lettres, afin que, si quelques objets dignes du Louvre avaient, par hasard, échappé à l'attention de la Commission, elles se chargeassent de les signaler.

Voilà, Monsieur et cher Confrère, quel a été le résultat de la visite de l'Empereur au palais de l'Industrie, et de quelque manière qu'on ait voulu la commenter, l'expliquer, elle n'en a pas eu d'autre.

Je m'en rapporte assez à votre loyauté pour être convaincu que, si vous aviez pris la peine de venir examiner les choix de la commission, vous leur eussiez donné votre assentiment. Mais vous vous serez laissé impressionner par des personnes intéressées à faire courir les bruits les plus mensongers. Ce serait à croire qu'elles ont dicté votre lettre, tant j'y retrouve leur malveillance ; car, depuis que l'Empereur a fait connaître officiellement par *le Moniteur* la destination de ce Musée, auquel il voulait bien donner son nom, une quantité de journaux français ou étrangers répètent chaque jour les réclames, les calomnies, les injures de ces mêmes personnes déçues dans leurs espérances.

Veuillez, Monsieur et cher Confrère, agréer l'expression de ma haute considération.

Signé : Comte de NIEUWERKERKE,
Membre de l'Institut, directeur général des Musées impériaux.

Ces deux lettres furent publiées le 26 octobre par *l'Opinion nationale*, qui contenait cinq jours après les lignes suivantes :

« MM les administrateurs provisoires du Musée Napoléon III nous ont adressé, en réponse à la lettre de M. de Nieuwerkerke que nous avons publiée, la pièce suivante.

« Nous regrettons que ces messieurs aient cru devoir recourir au ministère d'un huissier pour nous la faire signifier : un appel à notre courtoisie eût suffi à leur assurer l'insertion de leur réponse, et elle eût peut-être gagné à être mise sous les yeux du public débarrassée de la forme impérative qu'elle a revêtue en passant par l'étude de Mᵉ Gendrier. — E. Pauchet. »

L'an mil huit cent soixante-deux, le vingt-neuf octobre,

A la requête de :

1° M. Sébastien Cornu, peintre d'histoire, demeurant à Paris, boulevard de La Tour-Maubourg, n° 6 ;

2° M. Charles Clément, homme de lettres, demeurant à Paris, rue de Laval, n° 23 ;

3° Et M. Edmond Saglio, homme de lettres, demeurant à Paris, quai Voltaire, n° 17 ;

Pour lesquels domicile est élu en ma demeure, j'ai, Paul-Victor Gendrier aîné, huissier près le tribunal civil de première instance de la Seine, séant à Paris, y demeurant, rue d'Alger, n° 14, soussigné, fait sommation à M. Guéroult, rédacteur en chef du journal *l'Opinion nationale*, ayant ses bureaux à Paris, rue Coq-Héron, n° 5, où étant et parlant à M. Larrieu, administrateur du journal, ainsi déclaré,

De, dans trois jours, pour tout délai, avoir, conformément à l'article 11 de la loi du 24 mars 1822, à insérer dans le journal *l'Opinion nationale*, en réponse à une lettre y parue le 27 octobre courant, la lettre dont la teneur littérale suit :

A Monsieur le Rédacteur en chef de *l'Opinion nationale*,

Monsieur le Rédacteur,

Dans le numéro du 27 de ce mois, votre estimable journal a inséré une réponse de M. le comte de Nieuwerkerke à une lettre adressée par M. Ingres à l'Institut. Dans cette réponse, l'administration provisoire du Musée Napoléon III est attaquée. Permettez-nous donc, à nous qui composons l'administration désignée, de répondre à notre tour et d'établir quelques faits irrécusables.

Au mois de février 1861, un jeune savant envoyé en mission, M. Heuzey, s'arrêtait à Rome. Là, il apprenait qu'à l'improviste, sans que les négociations en eussent transpiré, la Russie venait d'acheter un certain nombre d'objets faisant partie des collections Campana. A la date du 3 mars, il expédiait à Paris une dépêche télégraphique annonçant ce fait non prévu, car, depuis la saisie du Musée Campana par l'administration du Mont-de-Piété de Rome, saisie remontant à plus de trois ans, le gouvernement pontifical s'était réservé de pouvoir racheter ces collections pour compléter les siennes. Aussi, le gouvernement français avait-il abandonné toute idée antérieure d'achat.

La dépêche de M. Heuzey était suivie de deux lettres de lui, du 6 et du 11 mars, toutes deux contenant des explications détaillées sur le Musée Campana. Dépêche et lettres passaient sous les yeux de l'Empereur. Au même moment, l'ambassadeur de France à Rome, M. le duc de Grammont, averti par M. Schnetz, directeur de l'Académie, faisait de son côté la même communication.

M. Léon Renier, membre de l'Institut, qui, déjà, avait été envoyé à Rome l'année précédente, fut immédiatement appelé par l'Empereur et chargé d'y retourner afin de savoir à quel prix et comment on pourrait traiter de l'acquisition du Musée. M. Renier, séance tenante, demanda qu'un artiste, M. Cornu, lui fut adjoint; l'Empereur y consentit, et, le 22 mars, les deux commissaires partaient pour Rome sans que le but de leur voyage eût été ébruité. C'était chose nécessaire pour arriver à un résultat; car l'administration du *British Museum* de Londres avait à Rome un de ses directeurs, le savant archéologue M. Newton, qui négociait une acquisition.

Le choix de commissaires étrangers à l'administration fut, sans doute, fait en vue du secret, *momentané et absolu*, qui devait présider aux commencements de la négociation.

Deux mois plus tard, M. Clément était également envoyé à Rome pour aider les commissaires à recevoir *pièce par pièce* les collections définitivement acquises, à faire emballer, à expédier, à accompagner, déballer et classer les huit cent soixante grandes caisses contenant le Musée.

Le contrat d'achat fut signé le 20 mai par M. le duc de Grammont et le cardinal Antonelli. Le 22 mai, M. le comte de Nieuwerkerke arrivait à

Rome ; il en repartait le 2 juin sans avoir eu le temps de recevoir le Musée, qui alors était jugé devoir entrer dans les attributions du ministère d'État (1) et, par conséquent, ne relevait plus de son administration.

Au mois de juin 1861, MM. Cornu et Clément étaient nommés par S. E. le Ministre d'Etat, à titre provisoire, administrateur et administrateur adjoint, et, plus tard, M. Saglio était attaché à l'administration, Le 1er mai 1862, le Musée Napoléon III, déballé et classé pendant l'hiver, était ouvert, onze mois après la signature du contrat d'achat.

Le public a jugé l'acquisition et l'exposition.

La lettre de M. le comte de Nieuwerkerke nous reproche d'avoir désiré que le Musée Napoléon III ne fût pas réuni au Louvre, et qu'il continuât de subsister comme musée distinct.

Nous ne nous en défendons pas, oui, nous avons dit que ces collections formaient un ensemble d'œuvres tel que l'industrie française pourrait et devrait s'en inspirer, mais que, pour qu'il en fût ainsi, il serait à désirer qu'elles restassent affectées spécialement à ce but, qu'elles servissent à un enseignement pratique, que des cours d'art appliqué à l'industrie, des leçons sur les moyens et procédés antiques, sur la beauté de la forme, toutes choses qui s'enseignent mais se devinent rarement, fussent instituées près de ce Musée-Ecole. Londres a son *British Museum*, sa *National Gallery*, qui répondent à notre Louvre, où le public amateur, le savant, l'artiste, vont admirer les chefs-d'œuvre de l'art. Qu'avons-nous qui réponde à son musée Kensington, avec son enseignement appliqué à l'industrie, ses études et ses cours ?

Au reste, nous ne revendiquons pas pour nous l'initiative de cette idée d'un Musée-Ecole. Elle fut émise par des artistes et surtout par des industriels qui se pressaient dans les galeries du Musée Napoléon III, et qui, dans le courant du premier mois, avait déjà demandé près de six cents cartes d'étude pour examiner et dessiner les bijoux, les émaux, les bronzes, les terres cuites, les vases, etc. de la collection. Cette idée, elle est exprimée par différents organes de la presse, elle inspirait une pétition adressée à S. E. le Ministre d'Etat, et signée par des artistes et des industriels.

Ainsi que le dit M. le comte de Nieuwerkerke, oui, nous eussions trouvé ce Musée bien situé *près de l'Ecole de Médecine, à la place du Musée Dupuytren*, si c'eût été possible, parce que là il eût été dans le quartier du travail et de la jeunesse, dont il eût contribué à former le goût, au milieu des colléges et des établissements d'instruction publi-

---

(1) Sans doute par MM. les administrateurs provisoires, mais personne ne jugeait ainsi après les discussions des Chambres ? et c'est ce que reconnaissent ouvertement ces Messieurs dans une phrase de cette lettre commençant ainsi : « L'administration ne crut pas devoir se départir de *son projet primitif.* »
Er. Ch.

que, et surtout attenante à l'école gratuite de dessin destinée aux jeunes industriels. C'eût été la preuve à côté de la démonstration.

Oui, nous trouvions encore le Musée Napoléon III, bien placé au *marché de la Vallée*, qui va bientôt rester sans destination, et qui, avec peu de frais, sans qu'on eût besoin de remplacer *la halle par un palais*, en transformant sa construction, pourrait devenir un Musée-Ecole. Là il était toujours à proximité des quartiers d'étude, et plus rapproché encore des centres de l'industrie parisienne.

Enfin, nous eussions cru le Musée Napoléon III très-bien placé près de l'école des Beaux-Arts, en y affectant un des bâtiments voisins. Tout en conservant son caractère et ses cours spéciaux, il fût devenu une sorte d'annexe de ce grand établissement, il eût pu être mis sous la direction supérieure de l'Institut, et alors, comme dans l'antiquité, les arts et l'industrie se fussent inspirés aux mêmes sources, eussent été animés d'un même esprit.

M. le comte de Nieuwerkerke cite avec raison les produits industriels français exposés à Londres et qui ont pris pour modèles les chefs-d'œuvre des galeries du Louvre ; mais pour compléter le tableau, n'eût-il pas fallu ajouter qu'à cette exposition universelle, les visiteurs ont constaté et la presse l'a enregistré, que les produits anglais témoignent de progrès rapides, menaçants pour nos industries de goût; que ces progrès, dont se réjouissent les étrangers, parce qu'ils tendent à amoindrir notre suprématie, à restreindre notre marché dans l'avenir, ces progrès sont dus aux enseignements du Musée Kensington et aux quatre-vingt-deux écoles de dessins créées depuis quelques années en Angleterre.

L'idée de la création d'un musée spécial d'étude, qui se fût peu à peu augmenté et complété, cette idée, formulée par l'opinion publique et que nous ne fimes qu'adopter, ne prévalut pas. *L'administration ne crut pas devoir se départir de son projet primitif. Son Exc. le ministre d'État fit savoir que les collections seraient purement et simplement annexées aux collections du Louvre, et nomma une commission chargée de séparer et de répartir les doubles dans les musées des départements, ainsi qu'il avait toujours été convenu* (1). MM. Léon Renier, Cornu et Clément ne crurent pas devoir en faire partie. En outre M. Cornu, jugeant sa tâche accomplie, donna sa démission le 26 juin. Son Exc. le ministre d'État voulut bien attendre jusqu'au 10 juillet et ne l'accepter que sur les instances réitérées du démissionnaire.

Le 12 juillet, sur un ordre ministériel, M. Clément remit le musée Napoléon III à l'administration du Louvre, qui lui refusa toute décharge, tout récollement contradictoire des objets composant la collection ; ce qui motiva de la part de M. Clément une lettre qu'il adressa le lendemain à Son Excellence le ministre d'État pour décliner la respon-

---

(1) Ces deux phrases ne sont pas en italiques dans l'original. Er. Ch.

sabilité d'une manière de procéder qui ne lui semblait pas régulière.

La commission nommée pour séparer et répartir les doubles fit son travail. L'Empereur a voulu qu'il fût révisé par l'Académie des Inscriptions et Belles-Lettres et par l'Académie des Beaux-Arts, dont la compétence ne sera révoquée en doute par personne. De semblables juges s'opposeraient certainement, s'il y avait lieu, à la dispersion d'un ensemble si précieux à tant de titres.

« Telle est, Monsieur le Rédacteur, la réponse que nous avions à faire à la lettre que le directeur général des Musées a insérée dans votre estimable journal. Nous nous résumons :

« Initiative *unique*, *personnelle* de l'Empereur dans l'achat du Musée, désir formulé par la presse et par l'opinion publique de la création d'un Musée d'enseignement pratique à Paris, où viennent étudier tant d'artistes et d'industriels des départements (ce désir a été partagé et exprimé par nous); démission donnée par M. Cornu plus d'un mois avant la fermeture de l'Exposition, qui devait avoir lieu le 31 août et que l'Empereur a prorogée; refus de l'administration du Louvre de faire le récollement et de donner reçu du Musée avant la cessation des pouvoirs de M. Clément. Voilà les faits que nous avions à établir dans toute leur sincérité.

« Quant aux imputations calomnieuses contenues dans la lettre, nous passons. Nous avons agi au grand jour, sous les yeux du public; le public nous jugera comme il jugera la réponse adressée au grand peintre qui illustre l'art français depuis soixante ans.

« Agréez, Monsieur le Rédacteur en chef, l'expression de notre haute considération.

« *Signé :* Séb. CORNU, — Ch. CLÉMENT, — E. SAGLIO.

« *Post-scriptum.* — M. Léon Renier étant en mission scientifique à Rome n'a pu joindre sa signature à la nôtre, ce qu'il eût fait sans doute, car il ne s'est jamais séparé de l'administration provisoire du musée Napoléon III.

« A ce que le susnommé n'en ignore, et sous toutes réserves de droit, je lui ai étant et parlant comme dessus, laissé la présente copie.

« Le coût est de 9 fr. 15 c.

« Gendrier. »

Nous ne dirons que quelques mots de la lettre dont les anciens administrateurs provisoires du Musée Napoléon III ont cru *devoir exiger* l'insertion dans l'*Opinion nationale*.

Après l'avoir lue attentivement, nous n'y avons vu que la pleine confirmation de la réponse du directeur-général des Musées à M. Ingres. — Sur un seul point il y a débat et nous n'avons point qualité pour le trancher. — Si l'administration du Louvre a refusé à M. Ch. Clément de faire le récollement et de lui donner un reçu du Musée, nous ne sommes point juge des motifs de ce refus, et d'ailleurs c'est une affaire d'administration intérieure dont le public se soucie fort peu (1).

Quant au travail de la commission nommée pour séparer et répartir les doubles, l'Empereur, en effet, a voulu qu'il fût révisé par l'Académie des Inscriptions et Belles-Lettres et par l'Académie des Beaux-Arts, dont la compétence, disent les signataires de la lettre, ne sera révoquée en doute par personne. « De semblables juges, ajoutent-ils, s'opposeraient certainement, s'il y avait lieu, à la dispersion d'un ensemble si précieux à tant de titres. »

(1) Cependant, d'après des renseignements que nous avons lieu de tenir pour exacts, voici ce qui ce serait passé à ce sujet.

Les 4,800,000 fr., votés par les Chambres, ayant été absorbés par l'achat des collections Campana, par le transport de ces collections à Paris, leur installation au palais des Champs-Élysées et l'entretien d'un nombreux personnel attenant à l'administration provisoire pendant l'exposition qui avait duré trois mois, il fallait ou clore immédiatement l'exposition ou en faire supporter la charge à la liste civile, charge considérable comme il est facile de s'en rendre compte. C'est à ce parti que l'on s'arrêta. — M. Courmont, chef du bureau des Beaux-Arts, représentant le Ministère d'État, fut chargé, de concert avec MM. les administrateurs provisoires du Musée, de livrer possession à M. le directeur-général des Musées impériaux, représentant la Liste civile.

Lorsque MM. de Nieuwerkerke et Courmont se présentèrent à l'administration du Musée, ils ne purent rencontrer l'administrateur principal, qui ne devait se considérer comme relevé de sa mission qu'après avoir remis entre les mains de l'administrateur définitif les collections dont il n'avait reçu le dépôt qu'à titre provisoire.

Il fut alors convenu entre MM. de Nieuwerkerke, Courmont et Ch. Clément, administrateur adjoint, que les deux premiers, munis du catalogue d'acquisition, feraient eux-mêmes l'inventaire des objets, M. Ch. Clément s'offrant d'ailleurs, s'il y avait lieu, à se mettre à leur disposition pour tout renseignement que l'ancienne administration eût pu seule leur fournir.

Ce recours ayant été nécessaire, on s'adressa à M. Ch. Clément, qui ne répondit point et ne reparut plus au Musée.

Je n'exprime point un blâme, j'expose un fait.

Le directeur-général des Musées n'a donc point refusé à M. Clément de faire le récollement des collections, mais d'un commun accord avec M. Courmont, *en l'absence de l'administrateur provisoire principal, qui seul avait les pouvoirs nécessaires pour remettre le Musée* à l'administrateur définitif, celui-ci prit purement et simplement possession au nom de la Liste civile, en présence du représentant du Ministère d'État.

Les juges, nous avons hâte de le dire, n'ont point pensé *qu'il y avait lieu :* car l'Académie des Inscriptions et Belles-Lettres a confirmé purement et simplement le travail de la première commission, et l'Académie des Beaux-Arts s'est bornée à augmenter le nombre des objets déjà mis de côté pour le Louvre (1).

Les juges ont pensé avec raison que les collections Campana ne réunissaient en aucune façon les éléments d'un musée d'art industriel, destiné à rivaliser avec le musée de *Kensington,* et que ce musée rival existait chez nous dans son principe aux Arts-et-Métiers et à Cluny.

Enfin, au nom de l'avenir de l'industrie française et de la liberté dans les manifestations spontanées du goût, nous protestons énergiquement contre cette proposition funeste, attentatoire à toute originalité d'expression esthétique, poursuivie même sur le terrain de l'art ornemental que l'on avait jusqu'à ce jour si profondément dédaigné, nous protestons contre les tendances insidieusement révélées dans le paragraphe que nous allons reproduire de nouveau.

« Nous eussions cru le Musée Napoléon très-bien placé près de l'École des Beaux-Arts, en y affectant un des bâtiments voisins. Tout en conservant son caractère et ses cours spéciaux, il fût devenu *une sorte d'annexe de ce grand établissement, il eût pu être*

---

(1) Et à ce sujet exprimons très-nettement notre opinion sur la valeur des choix que l'Académie des Beaux-Arts a pu faire. — Si les membres de l'Institut avaient eu à juger une collection d'œuvres contemporaines, malgré certaines préventions de goût et d'école, personne plus qu'eux n'eût été apte à choisir et à désigner les œuvres dignes d'être conservées. — Mais le travail qu'ils ont eu à faire était bien plutôt œuvre d'expert, de peintre archéologue habitué à reconnaître l'authenticité d'un tableau, à distinguer une copie d'avec un original ; il exigeait des connaissances toutes spéciales, purement d'application, — nullement le génie esthétique.

Autre chose est de dire : « Cette œuvre est belle, » et d'affirmer : « Cette œuvre est de tel artiste du quinzième siècle. » — Eh bien, l'homme le plus habile dans cette connaissance historique et pratique de l'art et des artistes, celui qu'à Paris tout le monde vient consulter pour éclaircir un doute sur l'authenticité d'un tableau, M. Reiset, pour le nommer, conservateur des peintures au Louvre, faisait partie de la première commission. C'est pourquoi, il est permis de craindre qu'en ajoutant environ deux cents tableaux à ceux qui avaient été choisis antérieurement, l'Académie des Beaux-Arts ne nous ait dotés malgré nous d'œuvres tout à fait inférieures, de copies médiocres et de pastiches plus ou moins habiles.

mis sous la direction supérieure de l'Institut, et alors, comme dans l'antiquité, les arts et l'industrie se fussent inspirés aux mêmes sources, eussent été animés d'un même esprit. »

Ainsi, il ne suffit pas que l'art soit atteint par ce privilége unique que nous avons déjà signalé, c'est aussi l'art ornemental et l'industrie que l'on songe à mettre sous le joug. C'est alors qu'après avoir implicitement distingué deux principes, un pour l'art pur, un pour l'art industriel, on les réunit à cette occasion !

Les fabricants, heureusement, auront pour eux la force que leur donnera leur intérêt ; et non-seulement eux, mais par eux les artistes industriels sauront voir et éviter le piége.

Quant au débat en lui-même sur le fond de la question Campana, il vient d'être définitivement clos par la note suivante.

On lit dans *le Moniteur* du 4 novembre :

A l'occasion de l'installation au Louvre du Musée Napoléon III, qui doit réunir toutes les collections Campana, certains journaux semblent insinuer que la destination donnée à ces objets ne serait point conforme au vœu du Corps législatif. C'est là une erreur complète : jamais il n'a été question de créer un Musée spécial en dehors du Louvre ; au contraire, dans toutes les discussions qui se sont produites sur 'la demande de crédits pour l'acquisition des collections Campana ; il a toujours été établi que ces collections viendraient compléter les richesses artistiques de même nature que renferme le Louvre.

Toute discussion à ce sujet est donc maintenant terminée, nous l'espérons au moins. La question Campana a reçu enfin la solution que depuis le premier jour nous avons constamment souhaitée, une solution logique, libérale et profitable aux intérêts généraux.

Déjà une partie des collections Campana, une des plus précieuses, la série des bijoux, est exposée au Louvre dans la salle qui du grand salon de l'école française moderne conduit à la salle ronde ou coupole de la galerie d'Apollon. Les études commencées au palais de l'Industrie sont depuis quinze jours reprises dans cette salle, où les bijoux ont été immédiatement exposés, en attendant que leur place définitive fût prête au milieu des autres richesses du nouveau Musée Napoléon III.

FIN.